KB186568

4박5일 무턱대고 여행 영어

초판 1쇄 발행 2009년 9월 18일

지은이 강명희

펴낸곳 도서출판 이비컴 • **펴낸이** 강기원 • **편집** 안세현 • **일러스트** 이승현
마케팅 김동중 • **독자관리** 이은미

주소 서울 동대문구 신설동 97-1 302호
대표전화 02)2254-0658 • **팩스** 02)2254-0634
홈페이지 www.bookbee.co.kr • **이메일** help@bookbee.co.kr
출판 등록 제6-0596호 2002. 4.9
ISBN 978-89-6245-023-1 03740

값 7,000원

이 도서의 국립중앙도서관 출판시도서목록(CIP)은 e-CIP 홈페이지
(http://www.nl.go.kr/cip.php)에서 이용하실 수 있습니다.
(CIP제어번호:CIP2009002790)

강명희 지음

이비톡 talk

Preface

십 수 년 전 캐나다 유학길에 오르기 전, 한국에서 짬짬이 새벽마다 영어학원을 다니긴 했지만 영어라는 언어의 구조에 대한 이해 없이 그냥 학원에 다닌다는 것만으로도 만족했던 시절이 있었다. 막상 현지에 와서 ESL 학교를 다니다 보니 영어에 대해 자신이 아무것도 모르고 있었음을 깨달았다. 그나마 가장 유용하게 쓸 수 있었던 것이 작은 영어회화 책 몇 권. 그 이유는 당장 홈스테이 하는 곳의 주인 아주머니와의 대화, 내가 필요로 하는 것, 그리고 원하는 것 등 의사소통을 하기 위해서 영어를 이해하든 못하든 내 입으로 말을 해야 했기 때문이었다.

이처럼 영어를 해야만 하는 상황에 처했을 때 비로소 한마디라도 내 입으로 영어를 할 수 있다. 그런 의미에서 여행은 여행 자체로서도 많은 경험과 유익함을 주지만 우리와 문화가 다르고 환경이 다른 나라의 언어를 실제로 말하고 경험할 수 있는 기회도 더불어 선사한다. 주변 친구들과 후배들은 종종 이렇게 묻는다. “어떻게 하면 영어를 유

창하게 말할 수 있을까?" 나 또한 처음에 선배들에게 이런 질문을 한 기억이 난다. 당시 그들의 공통적 답변과 지금의 내 답변은 조금도 다르지 않다.

결국 두려움 없이 서툴더라도 "영어를 사용하라는 것이다." 원어민보다 영어를 못하는 건 당연한 사실이다. 서툴면 서툰 대로 그들은 우리가 하는 말에 귀 기울여준다. 영어를 배운다는 것은 그들의 삶 자체를 경험하는 것이다. 학습이 아니라 삶의 경험을 통해 자연스럽게 얻어지는 것이 영어다. 그런 면에서 이 작은 영어책은 실제 여행을 하면서 즉시 사용할 수 있는 가장 기본적인 도구라 할 수 있다. 현지에서 한 번 말해 본 영어는 오래도록 잊지 않고 머릿속에 남을 것이다. 부디 이 책 속의 한마디 한 마디 영어가 내 언어가 되어 자연스럽게 영어를 경험할 수 있는 계기가 되길 바란다.

토론토에서 저자씀

Contents

손안에서
터지는
여행회화

Section 05 다섯째 날, 귀국 준비

Section 06 응급상황 대처하기

Section 07 바로 찾는 상황별 Best 5 표현

Section 00

해외여행, 이 표현은 알고 가자!

Unit 1 : 왕초보 영어 표현
Unit 2 : 간단한 인사 표현
Unit 3 : 좋다! 싫다! 의사 표현
Unit 4 : 말이 통하지 않을 때

Unit 1 왕초보 열마디 표현

001

예. / 아니오.

가장 기본적인 의사표현입니다.

002

감사합니다.

항상 입에 달고 다녀야 할 말

003

실례합니다.

뭔가를 물어보거나 부탁할 때는 항상 이 말을 먼저 꺼내세요.

004

안녕하세요.

Hi는 격 없는 친근한 인사, Hello는 '여보세요' 외에 언제든 쓸 수 있는 인사

005

천만에요.

상대가 "땡큐" 라고 말할 때 웃으며 이렇게 대답하세요.

Yes. / No.
예스 / 노우

Thank you.
땡큐

Excuse me.
익스큐즈 미

Hi. / Hello.
하이 / 헬로우

You're welcome.
유어 웰컴

006

저는 영어를 할 줄 몰라요.

영어를 하나도 모르면 이렇게 말하세요.

007

얼마에요?

물건을 살 때 가격을 묻는 말

008

다시 한 번 말씀해 줄래요?

상대의 말을 잘 못 알아들었을 때 쓰는 말

009

안녕하세요.
(아침, 오후, 저녁 인사)

볼 때 마다 웃으며 이렇게 인사해요.

010

미안합니다.

실수를 했거나 자신의 잘못을 인정할 땐 이렇게 말하세요.

I can't speak English.

아이 캔트 스픽 잉글리쉬

How much is it?

하우 머치 이즈 잇?

Pardon me? / Sorry?

파든 미? / 쏘리?

ood Morning. / Good Afternoon.
Good Evening.

굿 모닝 / 굿 에프터눈 / 굿 이브닝

I'm sorry.

아임 쏘리

Unit 2 간단한 인사 표현

011

안녕하세요?

비교적 친한 사이면 Hi~ (하이~)를 써도 됩니다.

012

미스터 김입니다. 잘 부탁합니다.

013

만나서 반갑습니다.

상대가 "How do you do. 하우 두 유두 처음 뵙겠습니다." 했을 때

014

안녕히 계세요. (잘 가~)

How are you?

하 아 유?

’m Mr. Kim at your service.

아임 미스터 킴 앳 유어 서비스

Nice to meet you.

나이스 투 밋 유

Good bye.

굿 바이

Unit 3 좋다! 싫다! 의사 표현

015

아니오. 괜찮습니다.

016

아, 정말 유감이네요.

017

사과드립니다.

사과에 대한 응대는 "No problem. 노 프라블럼 괜찮아요." 도 자주 씁니다.

018

괜찮습니다(걱정하지 마세요).

같은 의미로 "That' s okay 댓츠 오케이"

019

알았습니다. (알겠습니다)

같은 의미로 아이 갓잇(I got it.)

No, thank you.
노우, 땡 큐

Oh, that's too bad.
오, 댓츠 투 벧

It's my apology.
잇츠 마이 어폴러지스

혹은 마이 어폴러지스(My apologies.)

Don't worry.
돈 워리

I see.
아이 씨

020

잘 모르겠습니다.

혹은 I don' t know 아이 돈 노우.

021

환상적이군요!

It' s는 생략해도 됩니다.

022

맛있어요!

023

그만둬요.

같은 의미로 "Knock it off! 녹 잇 옵"

024

귀찮게 굴지 마세요.

I don't understand.

아이 돈 언더스탠

(It's) fantastic!

(잇츠) 판타스틱!

(It's) delicious!

(잇츠) 딜리셔스!

Stop it.

스탑 잇

Get off my back.

겟 오프 마이 백

Unit 4 말이 통하지 않을 때

025

영어 할 줄 압니까?

026

영어는 할 줄 몰라요.

027

영어는 잘 못합니다.

028

당신이 말하는 것을 모르겠어요.

상대의 말을 이해하지 못할 때

Can you speak English?

캔 유 스피크 잉글리쉬?

I can't speak English.

아이 캔 스피크 잉글리쉬

My English isn't very good.

마이 잉글리쉬 이즌 베리 굿

I can't understand you.

아 캔 언더스탠 유

029

(죄송하지만) 좀 써주세요.

좀처럼 알아듣기 어려운 간단한 말은 써 달라고 부탁해보세요.

030

영어로 어떻게 말하는지 몰라요.

031

다시 한 번 말해 줄래요.

Pardon me? 파든 미? 도 같은 뜻

032

한국말 하는 사람 있나요?

Write it down, please.

롸잇 다운, 플리즈

I don't know it in English.

아 돈 노 잇 인 잉글리쉬

Could you repeat that?

크쥬 리핏 댓?

Does anyone speak Korean?

더즈 애니원 스픽 코리언?

Tip | 미리 익히는 영단어

안내	확인	예약
인포메이션 information	컨폼 confirm	레저베이션 reservation
항공권	**변경**	**일반석**
플라잇 티켓 filght ticket	체인쥐 change	이커너미 클래스 economy class
항공편명	**이륙**	**착륙**
플라잇 넘버 flight number	테익오프 take off	랜딩 landing
탑승권	**여권**	**입국카드**
보딩패스 boarding pass	패스포트 passport	랜딩카드 landing card
입국심사	**수하물 찾는 곳**	**세관검사**
이미그레이션 immigration	배기쥐 클레임 baggage claim	커스텀 인스펙션 custom inspection

Section 01

첫째날, 호텔 도착

033

여행 목적이 뭐죠?

034

관광이요.

035

친구를 방문하려고요.

체류하고자 하는 곳의 주소와 연락처를 보여주는 것도 좋습니다.

036

친지를 방문하려고요.

What's the purpose of your visit?

왓츠 더 퍼포스 오브 유어 비짓?

For sightseeing.

퍼 싸이씽

I'm visiting a friend.

아임 비지팅 어 프렌드

I'm visiting my relatives.

아임 비지팅 마이 렐러티브즈

037

얼마나 머물 예정인가요?

038

5일간이요.

1주일 a week 어 윅 / 2주 two weeks 투 윅스 / 1달 a month 어 먼뜨

039

돌아가는 비행기표는 있습니까?

불법체류 때문에 가끔 이 말을 묻기도 합니다.

040

예, 있습니다. 여기요.

티켓을 보여주며 말하세요.

041

어디에 머물 예정입니까?

How long are you staying here?
하우 롱 아 유 스테잉 히얼?

For 5 days.
퍼 파이브 데이즈

Do you have a return ticket?
두 유 헤버 리턴 티켓?

Yes, I do. Here it is.
예스, 아이 두. 히얼 잇이즈

Where are you going to stay?
웨어 아 유 고잉 투 스테이?

042

L.A. 힐튼 호텔입니다.

자세하게 어디에 머물 것인지를 알려줘야 질문을 덜 받습니다.

043

그 곳 주소가 여기 있습니다.

머물 곳의 주소나 호텔 예약확인서를 보여주면서 말하세요.

044

경비는 얼마나 가지고 있습니까?

045

3000달러 가지고 있습니다.

I'll be staying at the Hilton Hotel in downtown L.A.

아일 비 스태잉 앳더 힐튼호텔 인 다운타운 엘에이

Here is the address.

히얼 이즈 디 애드레스.

How much money do you have with you?

하우 머치 머니 두 유 헵 위드 유?

I have a three thousand dollars.

아이 헤버 뜨리 다우즌 달러

046

수하물 찾는 곳이 어디죠?

타고 온 항공편명이 표시된 'Baggage Claim' (수하물 찾음) 전광판을 보고 찾아가세요.

047

항공기 KE104편 짐 나오는 곳이 어디죠?

048

그 짐은 제 것 같아요.

049

여행가방을 잃어버렸습니다.

Where's the baggage claim area?

웨얼-스 더 배기쥐 클레임 에이리어?

Where is the baggage claim area for flight KE104?

웨얼 이즈 더 배기쥐 클레임
에이리어 퍼 플라잇 케이 이 원 오 포?

I think it's mine.

아이 띵 잇츠 마인

My baggage is missing

마이 배기쥐 이즈 미싱

050

특별히 신고할 물건이 있나요?

051

신고할 물건은 없습니다.

"No, I don't 노우 아이던 없습니다." 혹은 간단하게 Nothing 낫띵!

052

가방을 열어보세요.

053

안에 뭐가 있나요?

054

개인 용품들입니다.

수상한 물건이 아니라면 대부분 통과되므로 걱정할 필요는 없습니다.

Do you have anything to declare?
두 유 헵 애니띵 투 디클레어?

I have nothing to declare.
아이 헵 낫띵 투 디클리어

Open this bag, please.
오픈 디스 백, 플리즈

What's in it?
왓츠 인 잇?

Those are my personal things.
더즈 아 마이 퍼어스널 띵스

055

버스정류장이 어디죠?

056

택시 타는 곳이 어디죠?

057

저쪽입니다.

상대가 해당 위치를 손짓으로 가리키며 흔히 쓰는 말입니다.

058

이 버스 ○○○에서 정차해요?

059

버스요금은 얼마에요?

Where is the bus stop?

웨얼 이즈 더 버스 스탑?

Where is the TAXI stand?

웨얼 이즈 더 택시 스탠드?

Over there.

오버 데얼

Does this bus stop at the ○○○ ?

더즈 디스 버스 스탑 앳 더 ○○○?

How much is the bus fare?

하우 머치 이즈 더 버스 패어?

060

어디서 내려야 할지 알려주시겠어요?

061

트렁크 좀 열어 주실래요?

택시를 탈 때 기사분께 요청하세요.

062

어디로 가시나요?

택시 탑승 후 기사분이 손님께 흔히 이렇게 묻습니다.

063

힐튼호텔로 가주세요.

064

이 주소로 가 주세요.

말하기가 어려우면 주소를 보여주고 이렇게 말해보세요.

Would you tell me where I should get off?

우 쥬 텔 미 웨얼 아이 슛 겟 오프?

Could you open your trunk for me?

크 쥬 오픈 유어 트렁크 포 미?

Where would you like to go?

웨얼 우 쥬 라익 투 고우?

The Hilton Hotel, please.

더 힐튼호텔, 플리즈

To this address, please.

투 디스 애드레스, 플리즈

Unit 2 호텔에 도착하다

065

체크인 할게요.

066

예약하셨나요?

호텔 프론트에서 손님에게 물어보는 말입니다.

067

예약했습니다.

예약확인서를 보여주면 더욱 편리합니다.

068

예, 서울에서 예약하고 왔어요.

069

누구 이름으로 예약하셨죠?

I'm here to check in.
아임 히얼 투 첵인

Do you have a reservation?
두 유 헤버 레져베이션?

I have a reservation.
아이 헤버 레져베이션

Yes, I made a reservation in Seoul.
예스, 아이 메이드 어 레져베이션 인 서울

What name did you make a reservation under?
왓 네임 디 쥬 메익 레져베이션 언더?

070

성은 △이고, 이름은 ○○입니다.

서양의 이름 표기는 한국과 반대입니다.

071

여기 예약 확인서가 있습니다.

072

식당은 어디에 있나요?

호텔 조식이 포함된 경우 식당의 위치를 미리 알아두면 편리합니다.

073

아침 식사 시간은 몇 시인가요?

The last name is △, and the first name is ○○

더 라스드 네임 이즈 △ 엔 더 퍼스트 네임 이즈 ○○

Here is my reservation confirmation.

히얼 이즈 마이 레저베이션 컨퍼메션즈

Where is the dining room?

웨얼 이즈 더 다이닝 룸?

What time is breakfast?

왓타임 이즈 브렉퍼스트?

074

룸서비스 좀 부탁할게요.

보통 객실 내 전화로 프론트에 요청합니다.

075

여기는 ○○○호실입니다.

076

화장지가 없습니다.

077

인터넷을 사용할 수 있나요?

Hello, room service, please.

헬로우, 룸서비스, 플리즈

This is room ○○○

디스 이즈 룸 ○○○

There is no toilet paper.

데얼 이즈 노 토일렛 페이퍼

Can I use the Internet?

캔 아이 유즈 디 이너넷?

078

세탁 서비스 가능한가요?

객실 내에는 호텔 서비스 매뉴얼을 비치하고 있으므로 참조하세요.

079

세탁물을 봉투에 넣으시고
내용물을 써 주세요.

080

가능하면 빨리 해 주세요.

Do you have a laundry service?

두 유 헤버 라운드리 서비스?

Please, put your laundry in the bag and write down the items on it.

플리스, 풋 유어 라운드리 인 더 백 앤 라잇 다운 더 아이템스 온 잇

I would like to have them as soon as possible.

아이 우드 라익 투 헤브 뎀 애즈 순 애즈 파서블

Unit 3 한국으로 전화를 걸다

081

한국의 서울로 수신자부담
전화를 걸고 싶습니다.

082

누구랑 통화하시겠습니까?

083

아무나 전화 받는 사람하고
통화하겠습니다.

084

본인 이름과 받는 분 전화번호를
알려주시겠어요?

전화걸기

I'd like to make a collect call to Seoul, Korea.

아이드 라익 메익 컬렉 콜 투 서울, 코리아

Who would you like to speak to?

후 우 쥬 라익 투 스픽 투?

Anyone who picks up the phone will be fine.

애니원 후 픽스 업 더 폰 윌 비 파인

May I have your name and number you are calling?

메 아이 햅 유어 네임 앤 넘버 유 아 콜링?

085

제 이름은 김준민이고, 전화번호는 ○○○입니다.

전화번호를 불러 줄 때 0은 오(o)라고 불러주고, 같은 숫자가 두 번 나오면 더블(double), 세 번 나오면 트리플(triple)이라고 합니다. 한국의 국가번호(country code)는 82, 서울의 지역번호(area code)는 02인데 이때 0은 생략하세요.

086

잠시 기다려 주세요.

교환원이 콜렉 콜을 신청할 동안 상대에게 이렇게 얘기합니다.

087

상대방이 나왔습니다. 통화하세요.

My name is Kim Jun min.
The number is ○○○

마이 네임 이즈 김준민. 더 넘버 이즈 ○○○

Please, hold the line.

플리즈, 홀 더 라인

Your party is on.
Go ahead, please.

유어 파티 이즈 온. 고 어헤드, 플리즈

088

통화중입니다.

콜렉 콜 신청 후 상대 전화기가 통화중일 때

089

10분 후에 다시 신청 할게요.

090

다시 연결해 주실래요?

091

통화 후 요금을 알려주시겠습니까?

The line is busy.

더 라인 이즈 비지

I will call back in 10 minute.

아 윌 콜 백 인 텐 미닛

Could you reconnect me? Please.

크 쥬 리커넥 미? 플리즈

Could you tell me the cost of the call afterwards?

크 쥬 텔 미 더 코스트오브 더 콜 에프터워즈?

Tip | 위기탈출 한 줄 표현

에어콘이 작동하질 않아요.

디 에어 컨디셔너 이즈 낫 월킹

The air conditioner is not working.

TV가 작동되지 않네요.

티브이 이즌 월킹

TV isn't working.

변기에서 물이 나오지 않아요.

더 토일렛이즈 낫 플래싱

The toilet is not flushing.

방문 좀 열어주시겠어요?

크 쥬 오픈 더 룸 포 미?

Could you open the room for me?

열쇠를 방에 두고 문을 잠가버렸어요.

아이 앰 럭드 아웃 오브 마이 룸. 더 키 이즈 인 더 룸

I am locked out of my room. The key is in the room.

누구 좀 보내주세요.

크 쥬 샌드 썸원 업, 플리스?

Could you send someone up, please?

Tip | 미리 익히는 영단어

1인실	2인실	숙박신고서
싱글룸 single room	트윈룸 twin room	레지스트레이션 카드 resistration card
지배인	**식당**	**별도요금**
매니저 manager	다이닝룸 dining room	엑스트라 차쥐 extra charge
방 열쇠	**귀중품 보관함**	**난방**
룸 키 room key	세이프트 박스 safety box	힛팅 heating
아침식사	**청구서**	**퇴실**
브랙퍼스트 breakfast	빌 bill	첵 아웃 check-out
입실	**수신자부담전화**	**영수증**
첵 인 check-in	컬렉트 콜 collect call	리씨잇 receipt

Tip | 미리 익히는 영단어

이쪽	저쪽	직진
디스 사이드 this side	오버 데얼 over there	스트레잇 어헤드 straight ahead

지하철	시내버스	버스요금
썹웨이 subway	로우컬 버스 local bus	버스 페어 bus fare

거스름돈	기본요금	환승
체인쥐 change	미니멈 페어 minimum fare	트랜스퍼 transfer

대사관	경찰서	영사관
엠버씨 embassy	펄리스 스테이션 police station	칸슐리트 consulate

은행	우체국	병원
뱅크 bank	포스트 오피스 post office	하시피를 hospital

Section 02

둘째날, 호텔 도착 후 이동

Unit 1 현지 교통수단을 이용하다

092

지하철역이 어디 있나요?

093

매표소가 어디 있나요?

094

지하철 노선도 얻을 수 있을까요?

095

○○에 가려면 어디서 갈아타야 하나요?

Where is the subway station?

웨얼 이즈 더 썹웨이 스테이션?

Where is the ticket booth?

웨얼 이즈 더 티켓 부뜨?

Can I have a subway route map, please?

캔 아이 헤버 썹웨이 룻트 맵, 플리즈?

Where do I transfer to go to ○○?

웨얼 두 아이 트랜스퍼 투 고 투 ○○?

096

○○(으)로 가려면 어느 쪽 출구로 나가야 하나요?

097

이 버스 ○○○ 가나요?

098

어디서 7번 버스를 타나요?

099

버스 요금이 얼마죠?

Which exit do I have to go to OO?

위치 익시 두 아이 헵 투 고우 투 ㅇㅇ?

Does this bus go to ○○○?

더즈 디스 버스 고우 투 ㅇㅇㅇ?

Where can I take number 7 bus?

웨얼 캔 아이 테익 넘버 세븐 버스?

How much is the bus fare?

하우 머치 이즈 더 버스 페어

100

○ ○까지 몇 정거장을 가야 하나요?

101

몇 분 간격으로 버스가 있나요?

102

센트럴 공원으로 가주세요.

103

이 주소로 가 주세요.

택시 탑승 후 기사분께 주소지를 보여주며 말해보세요.

How many stops is it from here to the ○○?

하우 매니 스탑스 이즈 잇 프롬 히얼 더 ○○?

How often does this bus come?

하우 오픈 더즈 디스 버스 컴?

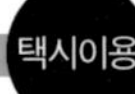

Central Park, please.

센트럴 파크, 플리즈

To this address, please.

투 디스 애드레스, 플리즈

104

여기서 세워주세요.

105

잔돈은 가지세요

택시기사께 잔돈이 남으면 팁으로 주는 경우가 많습니다.

106

영수증 좀 주세요.

만약을 대비해서 영수증은 꼭 챙겨두세요.

107

계산이 틀린 것 같아요.

Please pull over here.
플리즈 풀 오버 히얼

Please keep the change.
플리즈 킵 더 체인쥐

Receipt, please.
리씨잇, 플리즈

You didn't give me the right change.
유 디든 깁 미 더 라잇 체인쥐

Unit 2 길에서 길을 묻다

108

실례합니다.
○○ 가는 길 좀 알려주실래요?

109

이 근처에 ○○이 있나요?

110

이 주소로 가려면 어떻게 해야 하나요?

길 가는 사람이나 교통경찰관에게 주소를 보여주며 말해보세요.

111

걸어서 갈 수 있나요?

길 묻기

Excuse me, could you tell me the way to the ○○?

익스큐스 미, 크 쥬 텔 미 더 웨이 투 더 ○○?

Are there any ○○ around here?

아 데얼 애니 ○○ 어라운 히얼?

How can I get to this address?

하우 캔 아이 겟 투 디스 애드레스?

Can I walk down there?

캔 아이 웍 다운 데얼?

112

얼마나 더 가야 합니까?

113

여기가 어디죠?

지도를 보여주며 위치를 묻고자 할 때

114

지도에 표시 좀 해주시겠어요?

115

여기에서 ○○○이 멉니까?

116

그곳에 갔다가 오는데 얼마나 걸립니까?

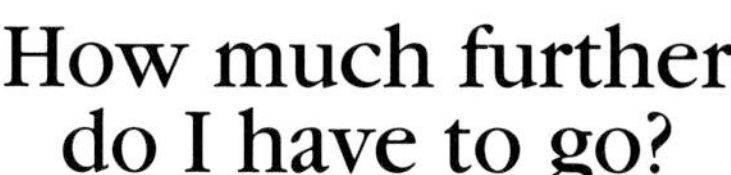

How much further do I have to go?

하우 머치 퍼더 두아이 헵 투 고우?

Where am I now?

웨얼 앰 아이 나우?

Could you mark it on the map please?

크 쥬 맑잇 온더 맵 플리즈?

How far is it to ○○ from here?

하우 파 이즈잇 투 ○○ 프럼 히얼?

How long does it take to get there and back?

하우 롱 더즈 잇 테익 투 갯 데어 앤 백?

117

관광안내소는 어디 있나요?

118

저기에 있습니다.

119

무료 시내 지도 있나요?

120

(근처에) 화장실이 있나요?

영국 등 유럽에서는 흔히 toilet, 캐나다에서는 washroom, 미국에서는 restroom

121

가이드 북 좀 주시겠어요?

Where is the tourist information center?

웨얼 이즈 더 튜어리스트 인포메이션 센터?

It's over there.

잇츠 오버 데얼

Do you have a free city map?

두 유 헤버 프리 씨티 맵?

Is thers a restroom?

이즈 데얼 어 뢰스트룸?

Do you have a Guide book?

두유 헤버 가이드북?

122

(볼 만한 곳) 추천 좀 해주세요.

123

어떻게 가야 합니까?

124

걸어서 갈 수 있습니까?

125

여기에서 티켓을 예매할 수 있나요?

What would you recommend?

왓 우 쥬 레코멘?

How can I get there?

하우 캔 아이 겟 데얼?

Can I go there on foot?

캔 아이고우 데얼 온 풋?

Can I book a ticket for the show here?

캔 아이 북 어 티켓 포 더 쇼우 히얼?

126

여기에서 사진 좀 찍어도 될까요?

127

이곳은 사진 촬영 금지입니다.

128

실례합니다. 사진 한 장만 찍어 주시겠어요?

129

그냥 셔터만 누르면 됩니다.

130

제가 당신 사진을 좀 찍어도 될까요?

외국에서는 아이들의 사진을 함부로 찍는 것은 범죄가 되기도 합니다.
인물 사진을 찍을 때 보호자나 본인에게 허락을 받고 찍어야 합니다.

May I take a picture here?
메 아이 테익 어 픽쳐 히얼?

Photographs are not allowed in this area.
포토그라프스 아 낫 얼라우드 인 디스 에어리어

Excuse me, Could you take a picture for me?
익스큐즈 미, 크 쥬 테익 어 픽처 포미?

Just push the shutter.
져스트 푸쉬 더 셔터

Would you mind if I take a picture of you?
우 쥬 마인 이프아이테익 어 픽쳐 오브 유?

131

한 번 더 부탁합니다.

132

당신과 함께 사진 찍고 싶어요.

133

사진을 보내드리겠습니다.

134

이메일 주소 좀 적어 주시겠어요?

찍은 사진을 보내주기 위해서는 주소가 필요하겠지요?

135

저희 사진 한장 찍어주실래요?

One more time, please.
원 모어 타임, 플리즈

I'd like to take a picture with you.
아이드 라익 투 테익 어 픽쳐 위드 유

I'll send you the pictures.
아일 샌드 유 더 픽쳐즈

Could you write down your e-mail address, please?
크 쥬 롸잇 다운 유어 이 메일 애드레스, 플리즈?

Could you take a picture of us please?
크쥬 테익 어 픽쳐 오브어스, 플리즈?

136

이 줄이 티켓을 사기 위한 줄입니까?

137

앞자리로 주세요

138

안에서 사진 찍어도 될까요?

139

이 자리 비어있습니까?

140

다음 공연은 몇 시입니까?

Is this the line for tickets?

이즈 디스 더 라인 포 티켓?

A front seat please.

어 프런트 싯 플리즈

Can I take a picture inside?

캔 아이 테익 어 픽쳐 인사이드?

Is this seat empty?

이즈 디스 씻 엠티?

What time is the next show on?

왓 타임 이즈 더 넥스트 쇼우 온?

141

몇 시에 시작해요?

142

몇 시에 끝나요?

143

프로그램 팜플릿을 얻을 수 있을까요?

144

프로그램 안내 책자는 사야합니다.

팜플렛이 유료일 경우 상대는 이렇게 말합니다.

145

몇 시에 문을 닫나요?

What time does it start?

왓 타임 더즈 잇 스탓?

What time is it over?

왓 타임 이즈 잇 오버?

May I have a program pamphlet, please?

메 아이 헤버 프러그램 팸플릿, 플리즈?

You have to purchase an event program.

유 헤브투 퍼체스 언 이벤트 프러그램

What is the closing time?

왓 이즈 더 클로징 타임

Tip | 위기탈출 한 줄 표현

아무래도 길을 잃은 것 같아요.

아이 띵 아임 로스트

I think I'm lost.

저는 힐튼호텔에 가는 길이에요.

아임 거잉 투 더 힐튼호텔

I'm going to the Hilton Hotel.

버스를 잘못 탔어요.

아이 갓 언 더 뤄ㅇ 버스

I got on the wrong bus.

근처에 공중화장실이 있습니까?

이즈 데얼 어 퍼블릭 워시룸 니어 히얼?

Is there a public washroom near here?

(타고 온) 관광버스를 놓쳤어요.

아이 레프트 온더 싸이씽 버스

I left on the sightseeing bus.

Tip | 미리 익히는 영단어

칼	숟가락	냅킨
나이프 knife	스푼 spoon	냅킨 napkin
(큰) 접시	**소금**	**후식**
디쉬 dish	솔트 salt	디젓 dessert
밥	**빵**	**국수**
라이스 rice	브레드 bread	누들 noodle
쇠고기	**돼지고기**	**닭고기**
비프 beef	포크 pork	치킨 chicken
설탕	**간장**	**후추**
슈거 sugar	소이소스 soy sauce	페퍼 pepper

Tip | 미리 익히는 영단어

전채요리	주요리	저녁식사
에피타이저 appetizer	메인 디쉬 main dish	디너 dinner

해산물요리	야채스프	특산요리
씨-푸드 seafood	베지터블 수웁 vegetable soup	로우컬 디쉬 local dish

묽은 수프	맑은 수프	진한 스프
브러쓰 broth	컨써메이 consomme	포우타지 potage

청량음료	홍차	오렌지 주스
소프트 드링크 soft drink	티 tea	오륀쥐 쥬스 orange juice

적포도주	술	생맥주
레드와인 red wine	리쿼 liquor	드래풋 비어 draft beer

Section 03

셋째날, 현지 음식점 이용하기

Unit 1 : 대중음식점에서
Unit 2 : 패스트푸드점에서
Unit 3 : 커피숍에서
Unit 4 : 술집에서

Unit | 대중음식점에서

146

몇 분인가요?

147

여섯 명입니다.

148

6인 테이블 있습니까?

149

흡연석으로 부탁합니다.

금연석 non-somking 난 스모킹

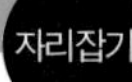

How many in your party?

하우 매니 인 유얼 파-리?

We have a party of six.

위 헤버 파-리 오브 식스

Do you have a table for six?

두 유 헤버 테이블 포 식스?

I prefer smoking, please.

아이 프리퍼 스모킹, 플리즈

150

(죄송합니다만) 이곳은 금연 레스토랑입니다.

151

창가쪽에 앉고 싶습니다.

I'd like to sit on the patio. 아이드 라익 투 씻 온 더 페티오.
patio는 주로 여름에 식당 창문 앞이나 문 밖에 있는 테이블을 말합니다.

152

죄송하지만 예약이 다 찼습니다.

153

얼마나 기다려야 합니까?

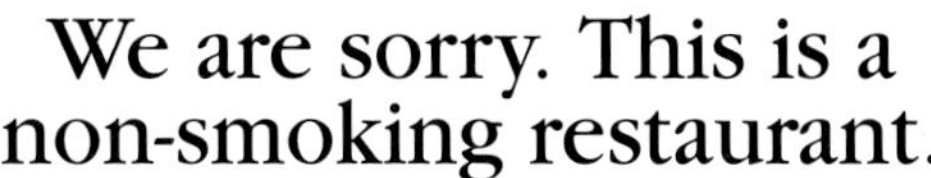

위 아 쏘리. 디스이즈어 난 스모킹 레스토랑

I'd like to sit by the window.

아이드 라익 투 씻 바이 더 윈도우

I'm sorry, we are full.

아임 쏘리 위 아 풀

How long do I have to wait?

하우 롱 두 아이 햅 투 웨잇?

154

20분 후면 자리가 나옵니다.

155

기다리겠습니다.

156

테이블 좀 바꿔도 될까요?

157

한 사람 더 올 겁니다.

A table will be available in 20 minutes.

어 테이블 윌 비 어베일러블 인 투웬티 미닛

I can wait.

아 캔 웨잇

May I change the tables?

메 아이 체인쥐 터 테이블스?

One more person will be joining us.

원 모어 퍼슨 윌 비 조인닝 어스

158

몇 시까지 영업하십니까?

159

메뉴 좀 보여주시겠어요?

160

뭐 마실 것 좀 드릴까요?

161

그냥 물 주세요.

주문하기

How late are you open until?

하우 레잇 아 유 오픈 언틸?

Do you have menu?

두 유 헵 메뉴?

Can I get you anything to drink?

캔 아이 갯 유 애니띵 투 드링크?

Just water, please.

져스트 워러, 플리즈

162

아이들이 먹을 만한 음식이 있나요?

163

잠시 후에 주문해도 될까요?

164

추천 좀 해주실래요?

165

맵고 뜨거운 것을 먹고 싶습니다.

Do you have any food for children?

두유 헵 애니 푸드 퍼 칠드런?

Would it be okay if I order in a few minutes?

우 딧 비 오케이 이프 아이 오더 인 어 퓨 미닛츠?

What would you recommend?

왓 우쥬 레커멘드?

I like something spicy and hot.

아이 라익 썸팅 스파이시 앤 핫

166

주문하시겠습니까?

167

이걸로 주세요.

말하기가 뭐하면 메뉴판을 보고 이렇게 말하세요.

168

이것과 이걸로 하겠습니다.

169

저 분이 드시는 것과
같은 걸로 주시겠습니까?

170

스테이크로 부탁합니다.

May I take your order?
메 아이 테익 유어 오더?

I will have this.
아일 헵 디쓰

’ll have this and this, please.
아일 헵 디스 앤 디스, 플리즈

Can I have the same dish that gentleman is having?
캔 아이 헵 더 쎄임 디쉬 댓 젠틀맨 이즈 헤빙?

I’ll have a steak.
아일 헵 스테익

171

스테이크는 어떻게 해드릴까요?

172

다 익혀 주세요.

medium(미듐) 중간정도 익힌 거, rare(레어) 살짝 익힌 거.
그중에서도 medium well done(중간정도 익힌 것에서 조금 더 익힌 것),
또 medium rare (중간 익힌 것에서 살짝 덜 익은 것)도 있습니다.

173

이것 좀 싸 주실래요?

음식이 많이 남아 싸달라고 할 때 이렇게 말해보세요.

174

계산서 좀 주세요.

계산할 때 계산서를 갖다 달라고 하면 계산서를 가져옵니다.
계산서를 담은 테이블에 돈을 올리면 종업원이 그것을 가지고
카운터에 가서 계산을 마친 후 잔돈을 가지고 옵니다.

How do you like your steak?

하우 두 유 라익 유얼 스테익

Well done, please.

웰 던, 플리즈

Could you warp this up for me?

크쥬 랩 디스 업 포미?

계산하기

Bill, please.

빌, 플리즈

175

영수증 좀 주시겠어요?

176

맛있게 먹었습니다.

177

메뉴판을 다시 한 번 볼 수 있을까요?

다른 요리를 더 시키고자 할 때 이렇게 말해보세요.

178

저는 이 음식을 먹은 적이 없는데요.

시키지 않은 음식값이 청구되었을 때 이렇게 말해보세요.

May I have the receipt, please?

메 아이 헵브 더 리씨잇, 플리즈?

I really enjoyed the meal.

아이 륄리 인조이드 더 밀

May I see the menu again please?

메 아이 씨 더 메뉴 어겐 플리즈?

I have never tried this food before.

아이 헵 네버 트라이드 디스 풋 비포

Unit 2 패스트푸드점에서

179

주문하시겠습니까?

180

컴보(세트메뉴) 1로 주세요.

컴보메뉴는 보통 햄버거, 음료, 그리고 프렌치 프라이스가 포함됩니다.

181

음료는 무엇으로 드릴까요?

컴보메뉴에 포함된 음료는 선택할 수가 있습니다.

182

사이다로 주세요.

May I take your order ?

메 아이 테익 유어 오더?

I'd like a combo number 1, please.

아이드 라익 어 컴보 넘버 원, 플리즈

What kind of drink do you like?

왓 카인드 오브 드링크 두 유 라익?

Sprite, please.

스프라잇, 플리즈

183

콜라로 주세요.

콜라의 영어발음에 주의하세요.

184

어떤 사이즈로 드릴까요?

음료를 주문할 때는 흔히 크기를 물어봅니다.

185

중간 사이즈로 주세요.

큰 Large 라아쥐, 작은 small 스모올

186

치즈버거 하나랑 콜라 작은 것 주세요.

주문한 음식은 내용물을 확인해 보는 것이 좋습니다.
가끔씩 내용물이 바뀌는 경우도 있거든요.

Coke, please.

콕, 플리즈

Which size would like?

위치 사이즈 우쥬 라익?

Medium, please.

미듐, 플리즈

I'll have a cheese burger, and a small coke, please.

아일 헤버 치즈 버거, 앤 어 스몰 콕, 플리즈

187

음료는 어떤 걸로 하실래요?

188

오렌지 주스로 주세요.

189

케첩 좀 더 주세요.

190

가져 갈 건가요? 여기서 드실 건가요?

간단하게 For here, or to go? 라고 묻기도 합니다.

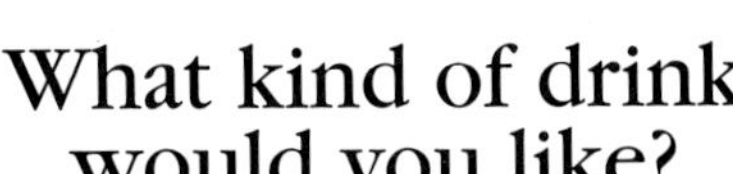

What kind of drink would you like?

왓 카인드 옵 드링크 우쥬 라익?

Orange juice, please.

오린쥐 쥬스, 플리즈

Can I get some more ketchup, please?

캔 아이 겟 섬 모어 케찹, 플리즈?

Is it to go or for here?

이즈 잇 투 고우 오아 포 히얼?

191

여기서 먹을 겁니다.

이렇게도 씁니다. For here, please. 포 히얼 플리즈

192

가져갈게요.

193

더 필요한 거 없습니까?

194

네, 됐습니다.

That's for here.

댓츠 포 히얼

That's to go.

댓츠 투 고우

Anything else?

애니띵 엘스?

That's all.

댓츠 올

Unit 3 커피숍에서

195

주문하시겠어요?

196

보통 커피로 주세요.

보통 마시는 커피, 즉 Columbia coffee 컬럼비아 커피를 의미합니다.

197

어떤 크기로 드릴까요?

흔히 커피를 주문하면 사이즈와 커피 취향을 따로 묻습니다.

198

쇼올트 / 톨 / 그랜드로 주세요.

May I help you?
메아이 헬퓨?

Just regular coffee, please.
져스트 레귤러 커피, 플리즈

What size would you like to have?
왓 사이즈 우쥬라익 투 헵?

Short / tall / grand, please.
쇼올트 / 톨 / 그랜드, 플리즈

Unit 4 술집에서

199

버드와이저 한병 주세요.

생맥주 draft beer(드래프트 비어)

200

와인 한잔 주세요.

와인을 시키면 보통 레드(Red) 혹은 화이트(White) 와인으로 할지를 묻습니다.

201

한잔 더 주세요.

202

차가운 걸로 주실래요?

203

건배!

A Budweiser, please.
어 버드와이저, 플리즈

A glass of wine, please.
어 글래스 옵 와인, 플리즈

One more, please.
원 모, 플리즈

Can I get a cold one?
캐나이 게러 콜드 원?

Cheers!
취얼쓰!

Tip | 위기탈출 한 줄 표현

음식이 아직까지 나오지 않았습니다.

마이 풋 헤즌 컴 옛

My food hasn't come yet.

이것은 제가 주문한 것이 아닌데요.

디스 이즌 왓 아이 오더드

This isn't what I ordered.

주문을 바꿔도 될까요?

메 아이 체인지 마이 오더?

May I change my order?

맛이 좀 이상해요.

디스 테이트 이즈어 빗 스트레인지

This taste is a bit strange.

포크가 더러워요. 다른 것으로 주시겠어요?

마이 포오크 이즈 더리. 크 쥬 브링 미 언아더 원?

My fork is dirty. Could you bring me another one?

Tip | 미리 익히는 영단어

입구	시내중심가	출구
엔트런스 entrance	다운타운 downtown	익시 exit

면세	가격표	보증서
듀티 프리 duty-free	프라이스 택 price tag	게런티 guarantee

정찰제	할인	교환
픽스트 프라이스 fixed price	디스카운트 discount	익스체인쥐 exchange

기념품	특산품	선물
수버니어 souvenir	로우컬 프라덕 local product	기프트 gift

짙은 남색	겨자색	갈색
네이비블루 navy blue	머스터드 mustard	브라운 brown

Tip | 미리 익히는 영단어

상의	바지(남자)	한벌
자켓 **jacket**	트라우저즈 **trousers**	수-트 **suit**

치마	청바지	귀고리
스커-트 **skirt**	블루 진 **blue jean**	이어링 **earring**

짙은 남색	겨자색	갈색
네이비블루 **navy blue**	머스터드 **mustard**	브라운 **brown**

당뇨병	관절염	독감
다이어비티스 **diabetes**	아쓰라이티스 **arthritis**	플루 **flu**

알약	연고	(내복)약
필 **pill**	샐브 **salve**	메디슨 **medicine**

Section 04

넷째 날, 쇼핑하러 가는 날

Unit 1 : 백화점에서

Unit 2 : 면세점에서

Unit 3 : 흥정하기

Unit 4 : 약국에서

Unit 1 백화점에서

204

무엇을 도와드릴까요?

205

보석제품을 찾고 있습니다.

men's clothing 멘스 클로띵 남성복, cosmetics 코스매틱 화장품

206

그냥 구경하고 있습니다.

207

만져 봐도 될까요?

208

입어 봐도 되나요?

May I help you?
메 아이 헬퓨?

I am looking for a jewelry.
아엠 룩킹 포 러 쥬얼리

I'm just looking for now.
아임 져스 룩킹 포 나우

Can I touch it?
캔 아이 터치 잇?

May I try it on?
메 아이 트라이잇 온?

209

탈의실이 어디죠?

210

다른 것으로 보여 주시겠어요?

211

어느 것이 나아보여요?

212

이거 어떻게 사용하는 거죠?

213

얼마죠?

Where is the changing room?

웨어 이즈 더 체인징 룸?

Could you show me another one?

크 쥬 쇼우 미 언아더 원?

Do you think is better? this one or that one?

두 유 띵크 이즈 베러? 디스 원 오아 댓 원?

Will you show me how to operator this one?

윌유 쑈 미 하우 투 어퍼레이트 디스 원?

How much is it?

하우 머치 이즈 잇?

214

이것보다 더 싼 것은 없습니까?

215

이것으로 하겠습니다.

216

포장해주세요.

217

더 사실 건 없습니까?

218

됐습니다. 그만 사겠습니다.

Do you have anything cheaper than this?

두 유 헵 애니띵 칩퍼 덴 디스?

I'll take this.

아일 테익 디스

Could you wrap it up please?

크쥬 랩 잇 업 플리즈?

Anything else?

애니씽, 엘스?

No, thanks. That's all.

노우 땡스. 댓츠 올

Unit 2 면세점에서

219

이거 면세품인가요?

220

술을 좀 사고 싶은데요.

221

여권을 보여주시겠어요?

222

몇 개까지 살 수 있나요?

Is this tax free?

이즈 디스 택스 프리?

I would like to buy some liquor.

아이 우드 라익 투 바이 섬 리쿼

May I see your passport?

메이 아이 씨 유어 패스포트?

How many items can I buy?

하우 매니 아이템스 캔 아이 바이?

Unit 3 흥정하기

223

40불에 합시다.

224

죄송합니다만 그럴 순 없어요.

225

너무 비싸요.

226

조금만 깎아 주세요.

227

30 퍼센트 깎아드리죠.

Let's make it 40 dollars even.

렛츠 메이크 잇 포티 달러스 이븐.

Sorry. I can't.

쏘리. 아이 캔트

It's too expensive.

잇츠 투 익스펜시브

Is that the lowest you can go?

이즈 댓 더 로우스트 유 캔 고?

I'll give you a 30% discount.

아일 깁유어 써리 펄센 디스카운트

Unit 4 약국에서

228

당뇨에 좋은 약 있습니까?

a diabetic 당뇨병 환자, 관절염 arthritis 아쓰라이티스

229

어린이 영양제는 어떤 게 좋은가요?

230

사람들이 많이 찾는 것은 어떤 건가요?

231

한 번에 얼마씩 먹어야 하나요?

What medication would you recommend for a diabetic?

왓 메디케이션 우쥬 레코멘드 포러 다이아베틱?

Which multi-vitamin is good for children?

위치 멀티 바이타민 이즈 굳 포 칠드런?

What are your most popular items?

왓 아 유얼 모스트 팝풀러 아이템즈?

How often do I have to take?

하우 오픈 두 아이 햅 투 테익?

Tip | 위기탈출 한 줄 표현

이 바지 환불 받고 싶어요.

아이드 라익 헤브 어 리펀 온 디즈 팬츠

I'd like to have a refund on these pants.

이 바지 교환할 수 있나요?

캔 아이 익스체인지 디즈 팬츠?

Can I exchange these pants?

흠집이 있어요.

잇 헤즈 어 스크랫치 히어

It has a scratch here.

여기가 찢어졌어요.

잇츠 립트 히어

It's ripped here.

이거 교환하고 싶은데요.

아이 우드 라익 투 익스체인지 디쓰

I would like to exchange this.

Tip | 미리 익히는 영단어

수신인	발신인	편지봉투
어드레씨 addressee	센더 sender	엔벨롭 envelope

소포	우표	속달
파설 parcel	포스티쥐 스탬프 postage stamp	익스프레스 express

대기자명단	초과요금	관세
웨이팅 리스트 waiting list	엑스트러 차쥐 extra charge	커스텀즈 customs

기내 화장실	비어 있음	사용 중
레버터리 lavatory	베이컨트 vacant	아퀴파이드 occupied

베개	탑승 시간	멀미봉투
필로우 pillow	보딩타임 boarding time	에어씩니스 백 airsickness bag

Tip | 입국 신고서 쓸 때 참고하세요!

보통 기내에서 작성하는 입국신고서 양식은 국가마다 약간씩 차이가 있을 수 있습니다.

Family Name 성	예) Kim
First(Given) Name 이름	예) HanYoung
Birth Date(Day/Mo/Yr) 생년월일	예) 15 / 08 / 88
Country of Citizenship 국적	예) South Korea
Sex(Male or Female) 성별(남/녀)	
Passport Number 여권번호	예) BS1234567
Airline and Flight Number 항공편번호	예) KE104
Country Where You Live 거주중인 국가	예) South Korea
City Where You Boarded 탑승한 도시	예) Incheon
City Where Visa Was Issued 비자발행도시	예) Seoul
Date Issued(Day/Mo/Yr) 발행일	예) 12 / 05 / 09
Address While in the United States(Number and Street) 미국체류지 주소	예) HILTON HOTEL
City and State 주와 도시명	예) California Los Angeles

Section 05

다섯째 날, 귀국 준비하기

Unit 1 : 우편물을 부치다

Unit 2 : 귀국 비행기 예약 확인

Unit 3 : 호텔 체크아웃을 하다

Unit 4 : 귀국수속을 밟다

Unit 1 우편물을 부치다

232

한국의 서울로 편지를 보내려고요.

우편엽서 postcard 포스트카드

233

이 소포를 서울로 보내려고요.

234

어떻게 보내드릴까요?(우편 종류)

어떤 우편으로 보낼지를 직원이 묻습니다.

I'd like to send a letter to Seoul. Korea.

아이드 라익 투 센더 레러 투 서울, 코리아

I'd like to send this parcel to Seoul.

아이드 라익 센드 디스 파설 투 서울

How would you like to send it?

하우 우쥬 라익 투 센드 잇?

235

등기우편으로 보내주세요.

보통우편 first-class mail 퍼스트 클래스 메일
특급우편 express mail 익스프레스 메일

236

항공우편으로 보내주세요.

237

무엇이 들어있습니까?

우체국 직원이 소포의 내용물을 묻습니다.

Registered mail, please.
레지스터드 메일, 플리즈

Could you send this letter by registered airmail, please?
크 쥬 센드 디스 레러 바이 레지스터드 에어메일, 플리즈?

What is in it?
왓 이즈 인 잇?

238

책 입니다.

239

한국까지 며칠이나 걸리나요?

240

요금은 얼마인가요?

There are some books.

데얼 아 썸 북스

How long does it take to get to Korea?

하우롱 더즈 잇 테익 투 겟 투 코리아?

How much will it cost to mail?

하우 머치 윌 잇 코스트 투 메일?

Unit 2 귀국 비행기 예약 확인

241

서울행 비행기 예약 확인 좀 할게요.

242

이름과 항공편 번호를 알려주세요.

항공사 직원이 물어보는 말입니다.

243

제 이름은 김준민입니다.

244

8월 2일 서울행 KE002편입니다.

245

예약 확인됐습니다.

I'd like to confirm my flight to Seoul.

아이드 라익 투 컨폼 마이 플라잇 투 서울

What's your full name and flight number, please?

왓츠 유얼 풀 네임 앤 플라잇 넘버, 플리즈?

My name is Kim, Jun-Min.

마이 네임 이즈 김 준 민

KE 002 for Seoul on the second of August.

케이 지로지로투 포 서울 언더 세컨 오브 어거스트

ɔur reservation is confirmed.

유얼 레저베이션 이즈 컨폼드

Unit 3 호텔 체크아웃을 하다

246

여기 방 키입니다.

247

체크아웃 할게요.
(프론트에 방 키나 카드를 주면서)

248

계산서 좀 주세요.

249

전부 얼마죠?

Here's my room key.

히얼스 마이 룸 키

Check out, please.

첵 아웃, 플리즈

To bill, please.

투 빌, 플리즈

What is the total?

왓 이즈 더 토럴?

250

계산서입니다.

251

신용카드로 계산할게요.
(카드를 주면서)

252

여로 모로 감사했습니다.

253

(공항에 갈) 택시를 좀 불러주실래요?

254

트렁크 좀 열어주세요.

택시 기사분께 부탁해보세요.

Here's your bill.
히얼스 유어 빌

I will pay by credit card.
아 윌 페이 바이 크레딧 카드

Thank you for everything.
땡큐 퍼 에브리띵

Please call me a taxi.
플리즈 콜 미 어 택시

Could you open the trunk?
크 쥬 오픈 더 트렁크?

Unit 4 귀국수속을 밟다

255 지금 탑승수속 되죠?

여권과 항공권을 내밀며 말해보세요.

256 창가쪽 좌석으로 주세요.

통로 쪽 좌석 An aisle seat. 언 아일 씻

257 짐이 몇 개나 있나요?

258 2개입니다.

259 짐을 여기에 올려주세요.

Can I check in now?
캔 아이 첵 인 나우?

A window seat, please?
어 윈도 씨잇, 플리즈

How many baggages do you have?
하우 매니 배기쥐 두 유 헵?

I have two baggages.
아이 헵 투 배기쥐

Put your baggage here, please.
풋 유얼 배기쥐 히어, 플리즈

Tip | 위기탈출 한 줄 표현

방 키 좀 다시 줄래요?

크 쥬 기브미 더 키 포 마이 룸 플리스?

Could you give me the key for my room please?

방에 놔두고 온 게 있어요.

아이 레프트 썸띵 인 더 룸

I left something in the room.

계산서가 틀린 것 같아요.

아이 띵 데얼 해즈 빈 어 미스테익 온 마이 빌?

I think there has been a mistake on my bill?

이건 무슨 비용이죠?

캔 유 익스플랜 디스 차지?

Can you explain this charge?

비행기를 놓쳤어요.

아이 미시드 더 플레인

I missed the plane.

Tip | 알아두면 좋은 한 줄 표현

정말?	미안해(요)	서(멈춰)!
륄리? Really?	쏘리! Sorry!	스탑! Stop!

좋아요!	기다려!	고마워(요)!
슈어! Sure!	웨잇! Wait!	땡스! Thanks!

조심해(요)!	용서해주세요	저리 가요!
비 케어플! Be careful!	포깁 미! Forgive me!	고어웨이! Go away!

화가 나요!	동의 못해요	세상에!
아임 앵그리! I'm angry!	아이 디써그리 I disagree	마이 갓! My god!

괜찮아요	난 아니야!	내 실수에요
노, 땡스 No, thanks	낫미! Not me!	마이 훨트 My fault

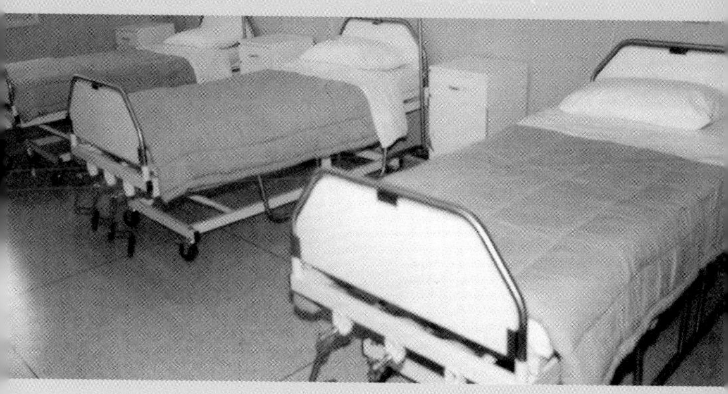

Section 06

응급상황 대처하기

Unit 1 교통사고 때

260

차에 치었어요.

261

제 잘못이 아닙니다.

사고가 났을 땐 함부로 I' m sorry 하지마세요. 자칫 모든 책임을 져야할지 몰라요.

262

무슨 일이 일어났는지 기억이 없습니다.

263

앰블런스를 불러주세요.

264

저는 이곳을 여행중입니다.

I got hit.(by car)

아이 갓 힛!(바이 카)

It's not my fault.

잇츠 낫 마이 훨트

I don't remember what happened.

아이 돈 리멤버 왓 헤픈드

Please, call me an ambulance.

플리즈, 콜 미 언 앰블렌스

I am just a tourist here.

아이 앰 져스트어 튜어리스트 히얼

Unit 2 분실이나 도난 시

265

좀 도와주세요.

266

여권을 잃어 버렸습니다.

267

어떻게 하면 좋을까요?

268

손가방을 도둑맞았어요.

Please, help me.
플리즈, 헬 미

I've lost my passport.
아이브 로스트 마이 패스포트

What should I do?
왓 슈 아 두?

My purse was stolen.
마이 퍼스 워즈 스톨른

269

택시에 가방을 놓고 내렸습니다.

270

위급한 상황입니다!

271

한국대사관은 어디입니까?

272

한국말 할 줄 아는 분 계십니까?

I left my bag in the taxi.

아이 레프트 마이 백 인 더 택시

It's an emergency!

잇츠 언 임머젼시!

Where is the Korean Embassy?

웨얼 이즈 더 코리언 엠버씨?

Do you have anyone who can speak Korean?

두 유 헵 애니원 후 캔 스픽 코리언?

273

문 열어!

274

경찰 불러!

275

멈춰!

276

저 놈 잡아라!

현지에서 교통사고를 당했다거나 법규를 위반했을 때 말이 안 통한다고 당황해서 함부로 'I' m sorry(아임 쏘리)' 라고 말했다가는 모든 책임을 뒤집어 쓸 수 있습니다. 또한 경찰에게는 가급적 'Police Officer(폴리스 오피서)' 라고 존칭을 붙여 주는 것이 좋습니다.

Open up!
오픈 업!

Call the police!
콜 더 폴리스!

Stop it!
스탑 잇!

Get him!
겟 힘!

Unit 3 몸이 아플 때

277

어디가 아픈가요?

278

으슬으슬 떨려요.

279

속이 메스꺼워요.

280

열이 있어요.

Waht's wrong with you?

왓츠 롱 위드 유?

I feel chilly.

아이 필 칠리

I feel nauseous.

아이 필 너져스

I have a fever.

아이 헤버 피버

281

목이 아파요.

282

감기에 걸렸어요.

283

여기에 약간 통증이 있어요.

284

숨쉬기가 곤란해요.

I have a sore throat.
아이 헤버 쏘아 뜨롯

I caugh a cold .
아이 커웃 어 콜

I have a little pain here.
아이 헤버 리를 패인 히얼

I have difficulty breathing.
아이 헵 디피컬티 브리팅

285

토할 것 같아요.

286

진단서 끊어줄 수 있나요?

287

처방전을 주시겠어요?

288

하루에 몇 번이나 먹어야 하나요?

I feel like throwing up.

아이 필 라익 뜨로우잉 업

Can I have a medical report?

캔 아이 해버 메디컬 리포트

Can you give me a prescription?

캔 유 깁 미 어 프레스크립션?

How many times a day should I take it?

하우 매니 타임즈 어 데이 슛 아이 테익?

289

식전 하루에 두 번씩 드세요.

290

물과 함께 한 알 씩 드세요.

291

감기약 있나요?

292

머리 아픈데 먹는 약 있어요?

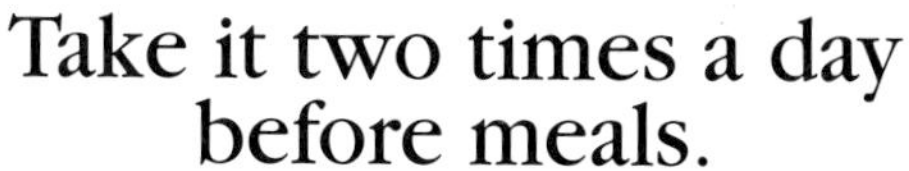

Take it two times a day before meals.

테익 투 타임즈 어 데이 비포 미일스

Take one pill with a glass of water.

테익 원 필 위드 어 글라스 오브 워러

Do you have some medication for a cold?

두 유 헵 썸 메디슨 포러 콜?

Do you have medication for headache?

두 유 헵 메디슨 포 헤드에익?

Tip | 위기탈출 한 줄 표현

위급상황입니다!

잇츠 언 임머젼시!

It's an emergency!

경찰을 불러주세요.

콜 더 펄리스

Call the police.

의사를 불러주세요.

콜 더 닥터

Call the doctor.

응급차를 불러주세요.

콜 언 앰블렌스, 플리즈

Call an ambulance, please.

전화 좀 사용할 수 있을까요?

캔 아이 유스 유얼 폰?

Can I use your phone?

Tip | 위기탈출 한 줄 표현

영사관에 연락하고 싶습니다.

아이 원 투 컨택 마이 칸슐리트

I want to contact my consulate.

전화 한 통 해도 될까요?

캔 아이 메이커 폰 콜?

Can I make a phone call?

(이 근처에) 병원이 있습니까?

이즈 데얼 하시피를 어라운 히얼?

Is there a hospatal around here?

내 아내가 차에 치었어요.

마이 와이프 워즈 힛 바이 어 카

My wife was hit by a car.

누군가 내 손가방을 낚아챘어요.

썸원 스냇취드 마이 퍼스

Someone snatched my purse.

Section 07

바로 찾는 상황별 Best 표현

Unit 1 인사 표현 Best 5

001

안녕하세요.

002

감사합니다.

003

실례합니다.

004

천만에요.

005

안녕히 계세요.

Hi! / How are you?
하이! / 하 아 유?

Thank you.
땡큐

Excuse me.
익스큐즈 미

You're welcome.
유어 웰컴

Good bye.
굿 바이

Unit 2 영어가 서툴 때 표현 Best 5

001

저는 영어를 할 줄 몰라요.

002

이건 영어로 뭐라고 하죠?

003

좀 써 주세요.

004

다시 한 번 말해 줄래요?

005

혹시 한국어 하는 분 있나요?

I can't speak English.
아이 캔트 스픽 잉글리쉬

What's this call in English?
왓스 디스 콜 인 잉글리쉬

Write it down, please.
롸잇 다운, 플리즈

Pardon me?
파든 미?

Does anyone speak Korean?
더즈 애니원 스픽 코리언?

Unit 3 입국장 표현 Best 5

001

관광차 왔습니다.

002

1주일간 머물러요.

003

L.A. 힐튼 호텔에 묵습니다.

004

신고할 건 없습니다.

혹은 No, I don' t 노 아이 던

005

예, 있습니다. 여기요.

돌아갈 항공권이나 머물 곳의 주소를 요구할 때

For sightseeing.

퍼 싸이씽

For a week.

퍼 러 윜

I'll be staying at the Hilton Hotel in downtown L.A.

아일 비 스태잉 앳더 힐튼호텔 인 다운타운 엘에이

I have nothing to declare.

아이 헵 낫띵 투 디클리어

Yes, I do. Here it is.

예스, 아이 두. 히얼 잇이즈

Unit 4 호텔 프론트 표현 Best 5

001

체크인 좀 할게요.

상대가 프론트에서 May I help you? 라고 말할 때

002

예, 서울에서 예약하고 왔습니다.

상대가 'Have you made a reservation? 예약하셨습니까?' 라고 말할 때

003

성은 △이고, 이름은 ○○입니다.

004

체크아웃 할게요.

005

여러 모로 감사했습니다.

I'm here to check in.

아임 히얼 투 첵인

made a reservation in Seoul.

아이 메이드 어 레져베이션 인 서울

The last name is △, and the first name is ○○

더 라스트 네임 이즈 △ 앤 더 퍼스트 네임 이즈 ○○.

Check out, please.

첵 아웃, 플리즈

Thank you for everything.

땡큐 퍼 에브리띵

Unit 5 호텔 내 트러블 표현 Best 5

001

열쇠를 방에 두고 나왔어요.

이 말 앞에 Can you help me? 캔 유 헬프 미? 좀 도와주실래요? 라고 해보세요.

002

방에 놔두고 온 것이 있어요.

체크아웃을 한 뒤 방에 두고 나온 것이 생각날 때

003

TV가 잘 나오지 않아요.

004

에어컨이 작동하질 않아요.

005

변기에서 물이 나오질 않아요.

I left my key in the room.
아이 레프트 마이 키 인더 룸

I left something in the room.
아이 레프트 썸띵 인더 룸

TV isn't working.
티브이 이즌 월킹

The air conditioner is not working.
디 에어 컨디셔너 이즈 낫 월킹

The toilet is not flushing.
더 토일렛 이즈 낫 플래싱

Unit 6 교통 이용 표현 Best 5

001

이 주소로 좀 가주세요.

택시 기사에게 주소를 보여주며

002

토론토행 표 2장 주세요.

003

이 차가 밴쿠버로 갑니까?

004

여기에 세워주세요.

005

영수증 좀 주세요.

To this address, please.
투 디스 애드레스, 플리즈

I'd like two tickets for Toronto.
아이드 라익 투 티켓츠 퍼 토론토

Does this bus go to Vancouver?
더즈 디스 버스 고우 투 뱅쿠버?

Please pull over here.
플리즈 풀 오버 히얼

Receipt, please.
리씨잇, 플리즈

Unit 7 길 묻기 표현 Best 5

001

길을 잃은 것 같아요.

말을 걸 땐 항상 Excuse me? 익스큐즈 미, 도움을 받았다면 Thank you! 땡큐

002

여기가 어디죠?(지도를 보여주며)

003

시청은 어떻게 가야하나요?

004

이쪽입니까? 저쪽입니까?

005

걸어가도 되나요?

I think I'm lost.
아이 띵 아임 로스트

Where am I now?
웨얼 앰 아이 나우?

How can I get to City Hall?
하우 캔 아 겟 투 시디 홀?

This way? or that way?
디스 웨이? 오아 댓 웨이?

Can I go there on foot?
캔 아이 고우 데얼 온 풋?

Unit 8 사진 촬영 요청 Best 5

001

사진 좀 찍어주실래요?

002

셔터만 누르면 됩니다.

003

한 번 더 부탁합니다.

004

당신과 같이 찍고 싶어요.

005

여기서 사진 좀 찍어도 될까요?

Excuse me, Could you take a picture for me?

익스큐즈 미, 크 쥬 테익 어 픽처 포미?

Just push the shutter.

져스트 푸쉬 더 셔터

One more time, please.

원 모어 타임, 플리즈

I'd like to take a picture with you.

아이드 라익 투 테익 어 픽쳐 위드 유

May I take a picture here?

메 아이 테익 어 픽쳐 히얼?

Unit 9 식당에서 자주 쓰는 Best 5

001

메뉴판 좀 보여주실래요?

002

주문할게요.

003

저는 이걸로 주세요.

메뉴판의 음식을 가리키며 / 동료와 같은 걸로 할 땐 I'll have the same.

004

저분이 드시는 것과 같은 것으로 주세요.

다른 테이블 손님의 음식과 같은 것으로 주문하고 싶을 때

005

금연석으로 주세요.

Do you have menu?

두 유 헵 메뉴?

I'm ready to oder.

아임 레디 투 오더

I will have this.

아일 헵 디쓰

Can I have the same dish that gentleman is having?

캔 아이 헵 더 쎄임 디쉬 댓 젠틀맨 이즈 헤빙?

I prefer non-smoking, please.

아이 프리퍼 난-스모킹, 플리즈

Unit 10 패스트푸드점&카페 Best 5

001

커피로 주세요.

002

중간 사이즈로 주세요.

003

컴보(세트메뉴) 1번으로 주세요.

004

여기서 먹을게요.

Is it to go or for here? 이즈 잇 투 고우 오아 포 히얼? 의 대답

005

차가운 걸로 주세요.

Coffee, please.
커피, 플리즈

medium, please.
미듐, 플리즈

I'd like a combo number 1, please.
아이드 라익 어 컴보 넘버 원, 플리즈

That's for here.
댓츠 포 히얼

Can I get a cold one?
캔 아이 게러 콜드 원?

Unit 11 계산할 때 표현 Best 5

001

계산할게요.

002

신용카드 받죠?

003

영수증 좀 주세요.

004

이것 좀 싸주실래요?

005

맛있었어요. 잘 먹었습니다.

Bill, please.

빌, 프리즈

Do you take VISA.

두 유 테익 비자?

Please give me a receipt.

플리즈 김미 어 리씨잇

Could you wrap this up for me?

크 쥬 랩 디스 업 포미?

That was delicious. I enjoyed it.

댓 워즈 딜리셔스. 아이 인죠이드 잇

Unit 12 음식점 트러블 Best 5

001

음식이 아직 안나왔어요.

002

이건 내가 주문한게 아닌데요.

003

맛이 좀 이상해요.

004

주문을 바꿔도 될까요?

005

나이프를 떨어뜨렸어요.

My food hasn't come yet.
마이 풋 헤즌 컴 옛

This isn't what I ordered.
디스 이즌 왓 아이 오더드

This taste is a bit strange.
디스 테이트 이즈어 빗 스트레인지

May I change my order?
메 아이 체인쥐 마이 오더?

I dropped my knife.
아이 드립드 마이 나잎

Unit 13 흥정 표현 Best 5

001

너무 비싸네요.

002

이거 세일 중입니까?

003

좀 더 깎아줄 수 있어요?

004

나중에 올게요.

005

40불에 합시다. 어때요?

It's too expensive.

잇츠 투 익스펜시브

Is this on sale?

이즈 디스 온 세일?

Could give me some discont?

크 쥬 깁미 썸 디스카운트?

I'll come later.

아일 컴 레이러

Let's make it 40 dollars even. How does that sound?

렛츠 메익 포티 달러스 이븐. 하우 더즈 댓 사운드?

Unit 14 쇼핑 표현 Best 5

001

만져 봐도 될까요?

002

입어 봐도 될까요?

003

한 치수 큰 거 있어요?

smaller one 스몰러 원 한 치수 작은거

004

다른 색깔은 있어요?

005

이것으로 할게요.

Can I touch it?

캔 아이 터치 잇?

May I try it on?

메 아이 트라이잇 온?

Do you have a bigger one?

두 유 헤버 비거 원?

Do you have different a color?

두 유 헵 디퍼런트 어 컬러?

I'll take this.

아일 테익 디스

Unit 15 쇼핑 트러블 Best 5

001

이 바지 환불 받고 싶습니다.

점원이 구입한 영수증을 요구할 수 있습니다. May I see your receipt?

002

다른 걸로 바꿔주실래요?

점원이 What' s wrong with it? 뭐 잘못된 것이라도? 물을 수 있어요.

003

흠집이 좀 있어요.

004

아직 뜯지는 않았어요.

005

어제 산거에요.

I'd like to have a refund on these pants.

아이드 라익 투 헤버 리펀 온 디즈 팬츠

Can I exchange these for another?

캔 아이 익스체인쥐 디즈 퍼 어나더?

It has a scratch here.

잇 헤즈 어 스크랫치 히어

I haven't opened it yet.

아이 헤븐 오픈드 잇 옛

I bought it yesterday.

아이 보웃 잇 예스터데이

Unit 16 귀국할 때 공항 표현 Best 5

001

지금 탑승수속 받을 수 있나요?

002

여기 있습니다.

항공사 직원이 여권이나 티켓 등을 보여 달라고 물을 때

003

창가쪽 좌석으로 주실래요?

An aisle seat 언 아일 씨잇 복도쪽 좌석

004

짐은 2개입니다.

How much baggages do you have? 짐이 몇개나 되죠? 라고 물을 때

005

이 짐은 제가 가지고 타도 될까요?

캔 아이 첵인 나우?

Here you are.

히어 유 아

A window seat, please?

어 윈도 씨잇, 플리즈?

I have two baggages.

아이 햅 투 배기쥐

Can I take this with me?

캔 아이 테익 디쓰 위드 미?

Unit 17 응급상황 표현 Best 5

001

여권을 잃어버렸어요.

여행시 만약을 대비하여 여권 사진 2장과 여권 복사본은 꼭 챙겨가세요.

002

한국대사관 가는 길 좀 알려주실래요?

003

좀 도와주세요.

곤란한 일이 생겼을 때 주위 사람들에게 이렇게 말해보세요.

004

배가 아파요.

두통 headache 헤드에익, 열 fever 피버

005

이것 밖에 없습니다.

현금을 많이 지니고 다니면 안되지만 혹여나 강도의 위협을 받을 때

I've lost my passport.
아이브 로스트 마이 패스포트

Could you tell me the way to the Korean Embassy?
크 쥬 텔미 더 웨이 투 더 코리언 엠버씨?

Please, help me.
플리즈, 헬 미

I have a stomachache.
아이 헤버 스터먹에익

I dont' have any more.
아이 돈 헵 애니 모어

Tip | 꼭 외워야 할 필수 표현 16가지

여행자들이 해외여행 중에 가장 많이 쓰는 말 16가지입니다. 이 표현만큼은 외워서 사용해보세요.

예.	아니오.
예스 Yes.	노! No.

안녕하세요.	안녕히 계세요.
헬로 Hello.	굿바이 Good bye.

부탁합니다.	감사합니다.
플리즈 Please.	땡큐 Thank you.

실례합니다.	미안해요.
익스큐즈미 Excuse me.	쏘리 Sorry.

알겠습니다.	잘 모르겠습니다.
아이 씨 I see.	아이 돈 언더스탠 I don't understand.

얼마죠?	도와줘요
하우 머치? How much?	헬프! Help!

좋아요.	천만에요.
굿! Good!	유아 웰컴 You're welcome.

화장실이 어디죠?

웨얼 즈 터 뢰스트룸?
Where's the restroom?

담배 좀 피워도 될까요?

메 아이 스모크?
May I smoke?

꼭! 기록하거나 보관해야 할 것들!

여권이나 항공권 등의 분실에 대비하여 다음과 같은 정보를 꼭 준비하셔서, 여행 중 가지고 다니는 것이 좋습니다. 아울러 복사본은 찾기 쉬운 곳에 따로 보관해두세요.

01 분실에 대비하여 아래의 란에 메모해두세요.

여권 번호

여권 상의 영어 이름 성(Last Name)
이름(First Name)

비자를 발행한 장소 / 도시명 /

비자 발행 일자 (일/월/년)

신용카드사 연락처

항공권 구매처(여행사)

호텔명 / 주소 /

항공편 명 / 항공편 번호 /

02 분실에 대비하여 아래의 목록은 구비 및 복사하세요.

여권용 사진 2매 : 여권 분실 시 재발급을 위해 필요

여권 복사 : 여권 번호가 있는 면과 비자가 있는 면

항공권 복사 : 항공권 번호가 적혀 있는 면

여행자 수표 발급 영수증 : 수표 분실 시 필요

여행자 보험 가입 영수증 : 사고 시 보험 회사와 연락하기 위한 연락처